피어나기를 기다리는 꽃

작성자: Jamani Brown

피기를 기다리는 꽃

피기를 기다리는 꽃

전달

꽃은 피기를 기다리고 있었고, 나는 그 꽃을 키우고 싶지 않았다. 나 자신과 내 환경을 진정으로 바꾸고 싶기 위해서는 먼저 내 삶의 기초부터 노력해야 했다. 그러니까 정신적으로나 육체적으로나 저부터 시작해야 한다는 뜻이었어요. 낡은 사고방식을 깨끗이 씻어내고, 새로운 이상과 감정을 받아들이기 위해 예전과 같은 방식으로 타락하지 않는 것입니다.

피기를 기다리는 꽃

피기를 기다리는 꽃

피기를 기다리는 모든 꽃에
바칩니다

피기를 기다리는 꽃

피기를 기다리는 꽃

그녀의 눈은 그녀의 삶이 어땠는지를
조금이나마 보여주었나
그녀를 부추긴 분노
그녀를 감추고 있던 자기 의심
그녀가 찾아 헤매는 것처럼 보이는 사랑
어찌 다른 사람의 얼굴에서 그런 눈이 빛날 수
있겠는가
그들은 어떤 방식으로 당신을 빛나게 하거나
환영합니까?
겉으로 드러나는 타인의 시선은 눈 뒤에 감춰둔
한 점의 희망에 불과한 결정에 대한 결과에
대한 끝없는 이야기를 머릿속에 새겨 놓았던 것
같다.

피기를 기다리는 꽃

그들은 결코 떠나지 않았다
계산의 눈
바람에 날리는 모든 흔들림 포착
뭘 찾고 있었는지 궁금하다
표지판
텔
끊임없이 도망치는 삶 속에서 그들을 사로잡는
절규

피기를 기다리는 꽃

가끔은 비가 어떻게 내리는지 궁금하기도 하다
후회 없이 타인에게 쏟아지는 방법
다른 사람들에게 스며들기를 바라는 것일까
그들의 어깨를 짓누르는 무게를 흡수하고
끝없는 우물에서 물을 빼기 위해

피기를 기다리는 꽃

나는 그녀가 빛에서
비치는 길을 만끽하는
것을 보았다
그녀의 미소가 지은
조용한 멜로디
그녀는 결코 볼 수 없는
자신의 일부를 볼 수 있을
것 같았다

피기를 기다리는 꽃

그녀의 말투가 달라진 것을 볼 수 있었다
끝없이 되풀이하는 모든 말에 목이
아물기라도 한 듯
필사적으로 듣고 싶어

피기를 기다리는 꽃

주위의 공기는 고요합니다
나뭇잎이 나부끼며 메아리친다
천천히 땅에 떨어짐
그리고 제 생각에는
어쩌면 이것이 집이 될 수 있습니다
눈부신 태양이 맞이하는 아침
도시의 불빛에 위로를 받는 밤
다가올 일에 대한 열정으로 가득 찬 마음

피기를 기다리는 꽃

고향이 상상 이상으로 가까이 있다는 것을
알았더라면
평화를 얻기가 생각보다 쉽다는 것을
알았더라면
그녀가 말할 때 삶이 그들의 귀를 막지 않을
것이라는 것을 그녀가 알았더라면
그녀의 정신은 얼마나 무중력이었을지
궁금하다

피기를 기다리는 꽃

지금은 끝없는 기쁨이 넘쳐납니다
반대편에 떨어지는 구두를 기다린다든가
현실에 뿌리를 내리다
그러나 그것이 과연
현실인가?
현실도 숨이 막힐 수 있지 않을까?
부담에서 해방되다
그리고 의심에서 해방
지금은 끝없는 기쁨이 넘쳐납니다
나는 단순히 그것을 담을 공간이 없다는 것을
그러니 내게서 쏟아지게 하리라
다른 사람들 속으로
내 꿈 속으로
그 결정에 의해 정성껏 구축된 미래로
나는 길을 따라 선택했다

피기를 기다리는 꽃

행복 같은 투명한 것이 필요할까?
그것을 얻기 위해 노력한 삶
어쩌면 한 번도 느껴보지 못한 감정일지도
모른다
나는 그녀가 그것을 본다는 것을 안다
그녀의 손아귀에 서서
눈에서 흐릿함을 걷어달라고 애원할 뻔했다
그런 투명한 것이 필요하다고 생각합니다.
모든 사람이 볼 수 있다면
일생을 통해 무엇을 얻을 수 있겠느냐?
우리는 여전히 세계를 여행할 것인가?
우리는 다른 사람들과 함께 또는 다른 사람들
없이 변화하고 성장할 수 있는 기회를 잡을
것인가?
행복과 같은 투명한 것
그것 없이는 우리가 누구이겠습니까

피기를 기다리는 꽃

그리고 나는 희망할 것이다
평생을 위해
새로 시작하려면

피기를 기다리는 꽃

자주 흘리던 눈물은 깨달음으로 가득 찼다
그 삶은 당신이 꿈꿔왔던 모든 것의 결실이 될
수 있습니다
포효하는 폭풍은 결국 고요한 순간을
만들어내곤 했다
종종 표출되는 분노는 실망으로 가득 찼다
자신의 잠재력을 충분히 발휘할 수 있었다는 것
당신이 할 수 있는 것보다 못한 삶을 사는 것
종종 빠져나간 행복은 고독으로 가득 찼다
보이는 미소가 결코 사라지지 않을 것이라는
것을
세상을 바라보며 반짝이는 눈
종종 빠져나갔던 두려움은 성장으로 가득 찼다
그 익숙함은 더 이상 위로가 되지 않을 것이다
머물 것인가 떠날 것인가 결정

피기를 기다리는 꽃

피기를 기다리는 꽃

가능해요
애벌레가 나비가 되려면
그러나 불가능하다
나비가 애벌레가 되려면
그래서 어쩌면 실제로 가능할 수도 있습니다
구름을 뚫고 날아오르는 방법을 찾기 위해
낙상에 대한 두려움 없이

피기를 기다리는 꽃

그녀는 햇빛이 견딜 수 없다고 생각했을 때 꽃을
피우기 시작했습니다

피기를 기다리는 꽃

두려움이 그녀의 말을 지배했다
그들은 그녀의 목소리를 바꿨다
그리고 인장을 형성했다

피기를 기다리는 꽃

나는 그녀의 배경에 웃음이 가득 차는 것을
알아차렸다
나는 그 온기가 그녀 주위의 사람들을
뜨겁게 달구고 있는 것을 알아차렸다
그러나 내가 어떻게 눈치 채지 못했겠습니까?
그녀의 마음을 온전히 꿈을 이루지 못하게 하는
고요함

피기를 기다리는 꽃

나는 그저 감히 글을 썼다
내 마음 속을 부단으로 달리는 끝없는 생각으로
종이를 익사시키는 것

나는 그저 감히 말할 수 있었을 뿐이다
한 인간으로서의 내가 누구인지를 주입하는 것
같았던 디딤돌을 깨기 위해

나는 그저 감히 꿈을 꾸었을 뿐이다
내가 될 수 있다고 생각했던 모든 것이 바로
내가 될 수 있는 사람이었다는 것을 깨닫는 것

피기를 기다리는 꽃

삶에 대한 그녀의 견해는 끊임없이 바뀌었다
그러나 그녀가 자신에 대해 가졌던 관점은
결코 그렇지 않았다

피기를 기다리는 꽃

지나간 또 다른 축하
잠결에 메아리치는 또 다른 꿈을 가져왔다
이행해야 할 또 다른 약속
나에게만

피기를 기다리는 꽃

그녀의 눈물은 여전히 좌절감에서 흘러내렸다
그녀의 마음은 여전히 과부하가 걸려 있었다
그리고 그녀는 여전히 삶이 그녀를 스쳐
지나가는 것처럼 느꼈다

피기를 기다리는 꽃

저 보이나요?
내가 변했다는 것을 기억해
나는 지금 내 뒤에 있는 사람들보다 더 성장하고
성장했다
기억하십니까?
당신이 제게 해주신 약속으로 가득 찬 끝없는
밤들
나는 그것들을 성취했다
어디 계세요?
아직도 구름 속을 찾고 계신가요?
잃어버렸다고 생각했던 것을
찾았습니까?
잊으셨나요?
내면에 있는 것은 항상 때가 되면 꽃을 피울
것입니다.
날 찾았잖아
내가 너라는 걸 잊었어
당신은 항상 내 여정의 일부가 될 것입니다
그리고 저는 매우 감사하고 있습니다
우리의 감각은 우리를 멀리 인도했습니다

피기를 기다리는 꽃

나는 내가 그들의 이야기에 나오는 악당이
아니라는 것을 깨닫게 되었다
나는 그저 그들이 짊어지는 감정에 대한 짐을
짊어질 뿐이다

피기를 기다리는 꽃

초대장만 있으면 됩니다
그녀는 기꺼이 그녀를 위해 정중하게 열린

문으로 발을 내디뎠습니다
그녀의 미소가 태양을 비추는 순간

피기를 기다리는 꽃

그것은 그녀의
인생을 쉽게
굴립니다.
무엇이 바뀌었을까?
그녀의 미래를 결정지은 순간
잠깐이나마 지속될 수 있는 미소였을까
어쩌면 비와 함께 떨어지는 눈물일지도 모른다
표면은 생각보다 깊었나 보다.
그 답은 얼마나 깊은지, 그녀는 아직도 감히
밝혀내지 못하고 있다

피기를 기다리는 꽃

나는 왜 인생이 쉬워야 힌다고 믿지 않았을까
그 행복은 그녀가 가져야 할 기본적인
감정이어야 한다
그것은 항상 얻을 수 있는 것이었습니다
물론 무언가를 얻는다는 것은 내가 그것을
가지고 있지 않다는 것을 의미할 것이다
그렇다면 어떻게 삶이 쉬울 수 있습니까?
행복과 같은 단순한 것이 내가 시작한 곳에서 몇
마일 떨어진 곳에 있다면

피기를 기다리는 꽃

겉으로 보이는 기다림은 닿을 수 없는
가려움증이었다
조금만 더 생각해보니
안도감으로 끝날 수밖에 없는 빌드업

피기를 기다리는 꽃

'미안해'라는 말을 한 번이라도 내뱉었다면
버리기가 더 쉬웠을 것이다
용서는 너무 관대하기 때문에 버린다
'Im Sorry'는 내가 도망치고 싶었던 바로 그 것에
나를 묶어두곤 했다
"미안해"를 한 번이라도 내뱉었으면 어땠을까
싶다
나는 영원히 변하는 결말을 가진 이야기가 될
것이다

피기를 기다리는 꽃

부드럽게 숨을 쉬세요

우아하세 미소 짓기

끝없이 살아라

피기를 기다리는 꽃

합당하지 않다면 그들은 누구입니까?
그들이 준다고 생각하는 사랑에 합당합니다
부유하시 않다면 그들은 누구입니까?
그들은 다른 사람들의 희생으로 자신을 더 낫게
만들고 싶어하는 부유한 사람들입니다
내가 누구라고 *대답한다면*
'나'만 떠오를 것이다

피기를 기다리는 꽃

그녀의 말은 그녀의 삶에 아무런 힘도 없다
그들에게 권력을 준다는 것은 받아들여진다는
것을 의미할 것이다
그리고 그들은 정말로
그녀가 하는 말과 글은 그녀가 이해하고자
하는 사람들에 의해 받아들여지고 있는가?
그것들은 단지 지각될 뿐이다
인정 된 것이 더 잘 맞을 것입니다.

피기를 기다리는 꽃

드라이브가 어디로 갔습니까?
멀지만 가까워 보이는 삶의 꿈

피기를 기다리는 꽃

내 안에 없다면 그녀는 어디에 있는가?

피기를 기다리는 꽃

"노래는 바뀔 수 없다
단순히 예술가가 원하기 때문에"

피기를 기다리는 꽃

드디어 모든 것이 된
당신은 당신이 알고 있었다

피기를 기다리는 꽃

당신이 나타나기를 기다렸습니다
더 쉬운 탈출을 제공하기 위해
그러나 아무도 없었다
애초에 기다린 적이 없었기 때문에
탈출은 공허한 제물이 될 것입니다
도망칠 곳이 없었다
다시 한 번 당신이 나타나기를 기다렸습니다
나에게 자유로움을 허락하는 길을 제시하기
위해
그리고 내 마음 속에는 거기에있었습니다
쓸 준비가 된 단어
다른 사람들이 가지고 다닐 책들과 함께

피기를 기다리는 꽃

피기를 기다리는 꽃

미래의 나를 볼 수 있습니까?
당신도 빛 속에서 그녀와 함께 춤을 추나요
그녀는 지금 어디에 있습니까?
두려움이 더 이상 그녀의 잠재력을 가로막지
못했을까
내 그림자
그녀는 정말 살아 있는 것일까
그녀의 꿈은 그저 한 발자국 떨어진 곳에 불과한
것일까
나의 소중한 그림자
그녀는 당신이 그녀를 인도하기 때문에
번성합니다
미래의 나를 돌봐 주셔서 감사합니다

피기를 기다리는 꽃

지금 이 순간
태양이 달보다 빛난다
그리고 따뜻함은 꽃을 피웁니다
시간이 멈춘 순간
겨울이 오기를 참을성 있게 기다리며
그리고 다시 꽃을 피우는 봄을 보내세요

피기를 기다리는 꽃

나는 닿을 수 없는 꿈으로 넘쳐나고 있다
통과해야 할 장애물이나 가야 할 여정에는 항상
장애물이 있습니다
'지금'은 내 눈이 보기에 적절한 때가 아닌 것
같다
그러나 나는 그것을 본다
범람이 잠잠해지고 장애물이 사라질 때
그리고 그 순간에는 '지금'이 모든 것에 적절한
시간인 것 같습니다

피기를 기다리는 꽃

당신이 가진 모든 희망을 위해
그것을 향한 2가지 경로가 있을 것입니다
경로가 결과를 결정하지는 않습니다
하지만 그곳으로 가는 길에 극복해야 할 환경

피기를 기다리는 꽃

걱정으로 가득 찬 선물을 여전히 들고 다니는
것을 보았습니다
당신의 꿈은 밀실에서 서서히 사라지고
있습니다
당신만 열쇠를 쥐고 있는 문으로 잠겨
있습니다.

피기를 기다리는 꽃

질문이 있습니다
왜 피지 않는가
정말 그러고 싶지 않으세요?

피기를 기다리는 꽃

꽃은 시들 수 있습니다
그들의 꽃잎은 떨어져 날아갈 것이다
그러나 줄기가 벌거벗은 채 서 있는 동안
새로운 꽃잎이 자랄 때까지 기다립니다
겨울이 지나면 봄이 온다는 것을 알고

피기를 기다리는 꽃

일어나세요
또 한 해가 도래했습니다
더 많은 기회를 발견할 수 있습니다
아까의 걱정을 날려버리는 포근한 공기
그리고 언젠가 당신의 꿈과 삶이 한 걸음 더
멀게 느껴진다면
또 다른 해가 다시 올 것입니다

피기를 기다리는 꽃

나는 그녀가 스스로를 '봄'이라고 생각한 적이
없다고 생각한다
그녀의 생일은 '여름'에 뿌리를 두고 있었고
그녀가 가장 좋아하는 계절은 '겨울'과 '가을'
사이 어딘가에 있었습니다
 물론 그녀는 비와 함께 오는 소리와 느낌을
좋아했다
하지만 봄은 꽃이었다
그들은 부드럽고, 밝고, 평화로웠다
나는 그녀가 스스로를 '봄'이라고 생각한
적이 없다고 생각한다

피기를 기다리는 꽃

그들은 자라고 또 자랍니다
꽃을 피운 것들의 뿌리를 내리는 무한한 뿌리
만들기그들이 완벽하게 한 연습

피기를 기다리는 꽃

뿌리는 이번 생에 내가 자유롭게 꽃을 피울 수
있기를 바랄 수 있는 곳이다

피기를 기다리는 꽃

싹이 트는 꽃잎 하나하나에는 그녀를 완성한
많은 취미가 담겨 있었다
그러나 각 꽃잎이 같은 크기로 자란 것은
아닙니다
싹이 트는 꽃잎 하나하나가 그녀가 개인적으로
받은 성취를 묘사했다
시간이 지남에 따라 더 이상 성장하지 않을 수도
있습니다
하지만 꽃이 영원히 지속되지 않는 것처럼
내 인생의 어떤 순간들이 영원할 것이라고
기대할 수는 없다

피기를 기다리는 꽃

나는 그것을 '실패'라고 표현하지 않을 것이다
　나는 단지 충분히 오래 꿈을 꾸지 않았을
뿐이다

피기를 기다리는 꽃

그녀가 표현한 봄은 비에 반사되어 빛나는
무지개보다 더 다채로웠다
평화로웠다
당신을 유혹하는 끝없는 꽃밭
세차게 부는 바람과 함께 그녀의 피부가 너무나
부드럽게 스쳐 지나갔다
그것은 그녀 버전의 평온함이었다
장벽이 형성되어 그녀를 꿈 속으로 가두던 시간

|를 기다리는 꽃

어찌 꽃이 피기를 바랄 수 있겠는가
그 밑에서 자라는 뿌리가 그 길의
이유가 될 때

피기를 기다리는 꽃

주변 환경이 아니라면 성장에 도움이 될 수 있는
것
그러나 거기에 당신의 답이 있습니다

피기를 기다리는 꽃

나는 이미 꽃을 피우기 위해 많은 계절을
보냈다

피기를 기다리는 꽃

원하는 꿈이 불가능한 것처럼 소원하고 또
바란다
언제쯤 꿈이 자신의 일부라는 것을 깨닫게
될까요?
그것들은 그렇게 만드는 것이 당신의 현실 안에
있을 때에만 나타날 수 있다

피기를 기다리는 꽃

당신이 심은 씨앗은 예고 없이 싹을 틔우고
있습니다
일부는 천천히, 일부는 봄이 시작되기 전에
그러나 새싹은 시작에 불과합니다
당신은 여전히 꽃을 피우거나 시들려는 의지를
통제합니다

피기를 기다리는 꽃

그리고 헤드퍼스트 점프를 하면

가는 길에 경치를 놓치게 될 것입니다

피기를 기다리는 꽃

말은 당신이 통제할 수 있다고 생각하는
것입니다
따라서 사용하는 유일한 도구입니다
빛은 당신을 눈멀게 하는 유일한 것입니다
그래서 당신은 어둠에 의존하는 법을
배웠습니다
미래의 꿈은 앞으로 나아갈 수 있는 유일한
동기입니다
그러므로 그것은 당신이 강화하는 유일한 가치
있는 소유물입니다

피기를 기다리는 꽃

시간은 우리 모두가 성장하는 방식입니다
우리를 변화시키는 것들을 경험할 수 있게
해준다 우리를 기다리게 했던 것들에서 앞으로
나아가기를 희망합니다

피기를 기다리는 꽃

배경에서 쉽게 페이드 아웃
마치 당신이 아는 유일한 집인 것처럼
하지만 피곤히지 않나요?
다른 사람들이 피어나기를 바라며 시들어
버리는 것
그런 다음 천천히 자신을 피우기 시작합니다
마치 전에 꽃을 피울 수 없었던 것처럼
그래도 만족스럽지 않나요?
한때 바람에 춤추던 꽃이 되어

피기를 기다리는 꽃

드디어 그 순간입니다
내가 생각했던 것보다 더 자유롭게 살기 위해
그리고 이유가 있습니다
내 안에 별들이 정렬된 것 같아요
길의 끝에 다다르자 달빛이 나를 비추었다

피기를 기다리는 꽃

피기를 기다리는 꽃

바람이 멜로디를 만든다
뿌리가 무대를 만듭니다
꽃은 당신에게 청중을 제공합니다
춤을 추는 것은 당신에게 달려 있습니다

피기를 기다리는 꽃

이것이 인생의 삶입니다.
나를 위해 만들어진
물론
여기까지만 있습니다.
갈 수 있어요

피기를 기다리는 꽃

이야기는 원래 그랬던 것처럼 전개됩니다
그녀는 여전히 자신이 관철시킬 생각이 없는
무언가를 바라고 있었다
하지만 항상 그랬던 것은 아닙니다
물론 그 당시에는 그녀의 앞길에 불을 지폈다
그러나 불은 비와 함께 쉽게 꺼질 수 있습니다
그녀는 더 이상 그것을 바라지 않았는데, 그
이유는 그때 그녀를 연료로 삼았던 불
때문이었다
이제 허공을 가득 채운 연기에 불과했다
어떤 순간에는 여전히 이전의 소원을 바랐다
끝없는 '만약에'를 통해 대리만족을 누리며
살아가는 그녀

피기를 기다리는 꽃

내 꿈만으로는 충분하지 않나요?
설령 그것이 단지 꿈일지라도
내 꿈이 아니라면
나만으로는 충분하지 않나요?
내가 나일지라도

피기를 기다리는 꽃

당신은 아름답게 성장했습니다
지금 뒤돌아보지 마세요
얼마나 더 줄 것으로 예상합니까?
당신 자신과 꽃이 피기를 간절히 기다리고 있던
씨앗을 다 써버릴 때까지
다양한 경로로 가득 찬 미래 생애
눈 깜짝할 사이에 희생되다

피기를 기다리는 꽃

꽃은 끝없이 자랄 수 있다
뿌리가 엉키기 시작하고 잡초가 형성되기
시작합니다
도저히 꽃을 피울 수 없는 계절이 있을 것입니다
그러나 그럴 수 없는 모든 계절을 위해
꽃이 피는 것만이 가능한 계절이 있을 것입니다
물론 영원한 것은 없습니다
하지만 꽃이 피는 곳에는 봄이 있다면
그러면, 꼭 봄에 꽃을 피워

피기를 기다리는 꽃

정말 부끄러운 일입니다
드디어 꽃을 피우기 위해
다만 이유가 전혀 없었다는 것을 깨닫게 되었을
뿐이다
전에는 할 수 없었어요

피기를 기다리는 꽃

우주는 모든 은하계를 비추는 별과 달이
맞이하는 사람들에게 한계를 제공하지
않습니다

피기를 기다리는 꽃

사랑받는 것과 사랑받는다고 느끼는 것은
크게 다름

피기를 기다리는 꽃

그녀는 자신이 생각하는 것보다 더 많은
잠재력을 가지고 있습니다
그녀가 현재 꿈꾸는 것보다 더 멀리 그녀를
이끄는 미개척 능력
그녀가 서서히 그것을 밝혀낼 순간이 올
것입니다
그녀는 아마도 그것이 어떤 결과를 낳을지, 어떤
대가를 치르게 될지 궁금해할 것입니다
그녀가 아직 극복하지 못한 진정한 한계

피기를 기다리는 꽃

지속적으로 두 사이클을 개별적으로
거칩니다.
음(陰)이 양(陽)을 깨우기 전까지는 말이다
아니면 양이 음(陰)을 일깨우는 것일까

피기를 기다리는 꽃

요컨대, 더 이상 할 수 있는 일이 없습니다
그대는 이미 그대가 땅에 심은 뿌리를 고치려고
노력했다
태양과 비는 허용되지 않는 곳에 도달할 수
없습니다
따라서 이해에 있어서, 성장한다는 것은 태양과
비가 허락하는 곳에서 새로운 뿌리를 찾는 것을
의미할 것입니다
당신은 이미 당신의 환경을 꽃을 피우기
시작하려고 노력했습니다
그런데 왜 태양과 비가 올
거라고 기대하는 걸까요

피기를 기다리는 꽃

달성하고 싶은 것은 무엇입니까?
당신이 갈망하는 곳은 어디입니까?
누가 당신을 둘러싸고 있기를 바라십니까?
어떻게 피우고 싶습니까?

피기를 기다리는 꽃

공허한 약속만이 그 약속을 지키는 것보다 더 큰
무게를 지니는 것 같습니다

피기를 기다리는 꽃

그녀의 손은 부드러웠다
어쩐 일인지 그 흉터는 그녀의 마음과 정신에만
박혀 있었다
마치 그녀가 그 안에 안전하게 보관하고 있다는
것이 비밀인 것처럼 말이다
그녀가 당신을 초대하는 방식에는 친절과
갈망이 있었습니다
어쩌면 그녀도 같은 방식으로 초대받기를
바랐을지도 모른다

피기를 기다리는 꽃

꽃이 되고 싶지 않아
나는 왜 살기 위해 꽃을 피워야 하는가

피기를 기다리는 꽃

나는 항상 내 손이 할 수 있는 것보다 더 많은
것을 바랐다
또 다른 꿈이 붙잡혀 버려질까 봐

피기를 기다리는 꽃

그녀의 마음 속에 갇혀 있던 묘목으로 돌아갈 숯
없을 것 같았다
나 자신에 대해 발견한 것을 잊어버리기 위해
항상 한 조각이 빠진 것을 느끼고 존재하지 않는
것을 향해 끝없이 달려갑니다

피기를 기다리는 꽃

내가 다른 사람들을
위해 할 수 있는 일이 한
가지 있다면
그것은 불을 붙이는
것입니다
줄곧 기다리고 있던
꽃을 피우기 위해
다른 사람들이
나름대로 나를 위해 그랬던 것처럼 말이다

피기를 기다리는 꽃

더 이상 나 자신을 바쳐야 할 이유가 없다
왜 지금도 여전히 꽃이 피기를 기다리고 있는지
대답하기 위해

피기를 기다리는 꽃

지금 피어도
나는 과연 변할 것인가
나는 더 이상 내 주변에서 흠을 찾지 못할까?
정말 간단합니다
나만 꽃을 피울 수는 없어

피기를 기다리는 꽃

몇 번이고
나는 태양의 환영을 받았다
석양을 보고 달을 기다린다
어쩌면 내일은 비가 올지도 모릅니다
내 마음 속의 모든 것이 제자리로 돌아가게
이번 한 번만만
마치 나도 봄에 비를 바라지 않았던 것처럼

피기를 기다리는 꽃

이것이 나를 위한 것인지 알아야 하지 않을까요?
내가 받는 감정과 성취감을 바탕으로
그리고 또다시 과거의 일들이 많았다
이제서야 나는 내가 못했다는 것을 깨닫는다

피기를 기다리는 꽃

"남들보다 더 자라지 않는 방법을 찾기 위해
필사적으로 노력하는 데 평생을 바친 것이 무슨
소용이 있겠는가?"

피기를 기다리는 꽃

"노력하느라 지친 적이 있습니까?"
나는 다른 사람들을 더 낫게 하려고 노력하는 데
많은 시간을 보냈고, 그것이 나에게도 도움이
되기를 바랐다
하지만 내 꿈은 달랐다
나는 매 순간 미래와 만약의 경우를 생각하느라
지쳐 있었다
그러나 내가 실제로 그것을 얻으려고
노력했는가?
내가 그 무수한 계획을 실행에 옮긴 적이 있는가?
그렇게 많은 시간을 생각하다가 믿기지 않아요
내가 시도하는 것을 잊었다는 것

피기를 기다리는 꽃

그러나 또다시 그녀의 마음은 극복해야 할
장애물이 되었고, 스트레스는 편안함으로
바뀌었다
스트레스가 없다면 할 일이 없다는 뜻이다
게으름은 이제 그녀를 묘사하는 모욕이 될
것이다
어쨌든 이기적이 될 것입니다
그렇다면 나의 가치는 그들에게 어떤 의미가
있을까
의미가?
하지만 내가 다른 사람을 위해 나 자신을
희생시키면서 한 일이 어찌 무의미할 수
있겠는가

피기를 기다리는 꽃

친애하는 꽃,

꽃은 많은 겨울을 견딜 수 있습니다
꽃을 피우는 데 신경을 쓰면 됩니다

피기를 기다리는 꽃

"지금이 아니라고 해서 절대 안 되는
것은 아닙니다"

피기를 기다리는 꽃